사이언스 리더스

바다거북을 구하라!

로라 마시 지음 | 송지혜 옮김

비룡소

로라 마시 지음 | 20년 넘게 어린이책 출판사에서 기획 편집자, 작가로 일했다. 내셔널지오그래픽 키즈의 「사이언스 리더스」 시리즈 가운데 30권이 넘는 책을 썼다. 호기심이 많아 일을 하면서 책 속에서 새로운 것을 발견하는 순간을 가장 좋아한다.

송지혜 옮김 | 부산대학교에서 분자생물학을 전공하고, 고려대학교 대학원에서 과학언론학으로 석사 학위를 받았다. 현재 어린이를 위한 과학책을 쓰고 옮기고 있다.

내셔널지오그래픽 키즈 사이언스 리더스
LEVEL 2 바다거북을 구하라!

1판 1쇄 찍음 2025년 8월 20일 1판 1쇄 펴냄 2025년 9월 15일
지은이 로라 마시 옮긴이 송지혜 펴낸이 박상희
편집장 전지선 편집 이혜진 디자인 이슬기 펴낸곳 (주)비룡소 출판등록 1994.3.17.(제16-849호)
주소 06027 서울시 강남구 도산대로1길 62 강남출판문화센터 4층 전화 02)515-2000 팩스 02)515-2007
홈페이지 www.bir.co.kr 제품명 어린이용 반양장 도서 제조자명 (주)비룡소 제조국명 대한민국 사용연령 3세 이상
ISBN 978-89-491-6945-3 74400 / ISBN 978-89-491-6900-2 74400 (세트)

NATIONAL GEOGRAPHIC KIDS READERS LEVEL 2
SEA TURTLES by Laura Marsh
Copyright © 2011 National Geographic Partners, LLC.
Korean Edition Copyright © 2025 National Geographic Partners, LLC.
All rights reserved.
NATIONAL GEOGRAPHIC and Yellow Border Design are trademarks of the
National Geographic Society, used under license.
이 책의 한국어판 저작권은 National Geographic Partners, LLC.에 있으며, (주)비룡소에서 번역하여 출간하였습니다.
저작권법에 의해 한국 내에서 보호를 받는 저작물이므로 무단 전재와 무단 복제를 금합니다.

사진 저작권 Cover, Masa Ushioda/Cool Water Photo; 1, Carson Ganci/Design Pics/Corbis; 2, Frans Lanting; 4-5, Aquascopic/Alamy; 6-7, Jason Isley, Scubazoo/Getty Images; 8, Jason Isley, Scubazoo/Getty Images; 10, Mark Conlin/V&W/Image Quest Marine; 11 (UP), Doug Perrine/Blue Planet Archive; 11 (LO), Luiz Claudio Marigo/Nature Picture Library; 12 (UP), James D. Watt/Blue Planet Archive; 12 (LO), George Burba/Shutterstock; 13 (UP), Doug Perrine/Blue Planet Archive; 13 (LO), Kelvin Aitkin/V&W/Image Quest Marine; 14, Doug Perrine/Nature Picture Library; 15, Mitsuaki Iwago/Minden Pictures; 16, Wild Wonders of Europe/Zankl/Nature Picture Library; 18, Jason Bradley; 20, Doug Perrine/Nature Picture Library; 21, Frans Lemmens/Getty Images; 22, Luciano Candisani/Minden Pictures; 23 (UP), Nils Bornemann/iStockphoto; 23 (LO), Norbert Wu/Getty Images; 24, Jeffrey L. Rotman/Corbis/Getty Images; 25, Jim Richardson; 26, Julie Dermansky/Corbis; 27, Audubon Institute of New Orleans; 28, Audubon Institute of New Orleans; 29 (UP), Audubon Institute of New Orleans; 29 (LO), Heather Stanley, Audubon Nature Institute, New Orleans; 30 (UP), Frank and Helena/ Getty Images; 30 (LO), Gorilla/Shutterstock; 31 (UP), hardcoreboy/iStockphoto; 31 (CTR), Stacie Stauff Smith Photography/Shutterstock; 31 (LO), Tim Platt/Getty Images; 32 (UP LE), Vlue/Shutterstock; 32 (UP RT), Doug Perrine/Blue Planet Archive; 32 (LE CTR), Wild Wonders of Europe/Zankl/Nature Picture Library; 32 (RT CTR), Jason Bradley; 32 (LO LE), Stephen Frink/Getty Images; 32 (LO RT), Jason Isley, Scubazoo/ Getty Images

이 책의 차례

깜짝 동물 퀴즈! 4
바다거북이 사는 곳 6
7가지 바다거북 총출동! 10
모래 속에 숨긴 생명 14
귀여운 새끼 바다거북! 16
작은 거북, 큰 거북 20
신나는 식사 시간! 22
바다거북을 괴롭히는 것들 24
바다거북을 덮친 기름 사고 26
바다거북 지키기 30
이 용어는 꼭 기억해! 32

깜짝 동물 퀴즈!

해초 사이를 누비고 있는 푸른바다거북이야. 바다거북 가운데 가장 유명해.

Q 북은 북인데 살아 움직이는 북은? **A** 거북

땅에서 알을 톡 깨고 나와

평생 바다에서 사는 동물은?

탁구공만 한 크기로 태어나서

무려 2미터까지 무럭무럭

자라는 동물은?

정답은 바로 바다거북이야!

바다거북이 사는 곳

장수거북은 지구에 사는 거북 가운데 몸집이 가장 커.

바다거북은 4개의 지느러미를 움직이면서 바닷속을 우아하게 헤엄쳐.

바다거북 용어 풀이

파충류: 등뼈가 있으며, 주변 온도에 따라 몸의 온도가 바뀌는 동물. 피부가 딱딱한 비늘로 덮여 있고, 알을 낳는다.

바다거북은 세계 곳곳의 따뜻한 바다에서 살아. 바다에는 셀 수 없이 많은 종류의 동물들이 사는데, 그중 바다 **파충류**는 약 100종뿐이야. 바다거북은 그 드문 바다 파충류 가운데 하나란다.

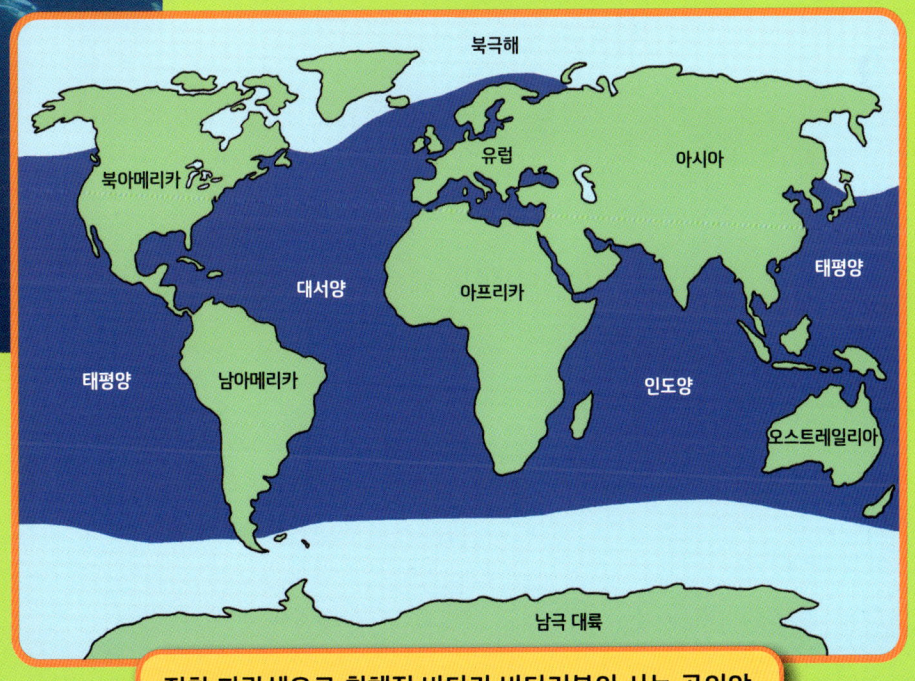

진한 파란색으로 칠해진 바다가 바다거북이 사는 곳이야.

물속을 미끄러지듯 헤엄쳐 다니는 바다거북! 그 비결은 바로 매끈한 몸에 있어. 바다거북의 몸을 구석구석 살펴볼까?

방패 모양의 등딱지야. 매우 단단해서 상어도 쉽사리 공격하지 못해.

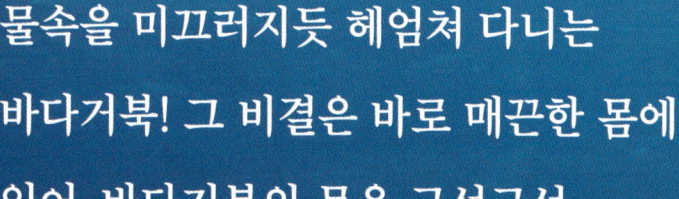

바다거북은 헤엄칠 때 뒷지느러미로 방향을 잡아. 모래에 알을 낳을 구멍을 팔 때도 쓰지.

푸른바다거북

Q 상어가 거북을 삼켰다가 도로 뱉은 이유는? **A** 눈이 가려워서

바다거북은 숨 쉴 때 물 위로 올라와서 폐로 공기를 들이마셔. 물속에서는 숨을 참지. 흡!

저런, 바다거북은 등딱지 안으로 머리와 지느러미를 넣을 수 없어. 땅에서 사는 거북은 할 수 있는데 말이야.

크고 튼튼한 앞지느러미로 노를 젓듯이 바닷속을 헤엄쳐.

바다거북은 보통 80~100년 정도 살아. 어떤 바다거북은 150년 넘게 살기도 했대!

7가지 바다거북 총출동!

바다거북 가운데 수가 가장 많은 붉은바다거북이야. 붉은 갈색의 등딱지 때문에 이런 이름이 붙었어.

바다거북은 모두 7가지 종류가 있어. 생김새도 사는 곳도 제각각이지. 어떤 바다거북들이 있는지 하나씩 만나 볼래?

납작등바다거북은 등딱지가 납작해. 오스트레일리아 근처 얕은 바닷속에서만 살지. 다른 대륙 바다에서는 볼 수 없는 특별한 바다거북이야.

올리브각시바다거북의 몸은 올리브 같은 초록빛을 띠어. 등딱지는 꼭 하트 모양처럼 생겼어.

매부리바다거북의 입을 잘 보면 마치 새의 부리처럼 뾰족하고 날카로워. 이 부리로 독이 있는 해파리도 척척 잡아먹지.

푸른바다거북은 머리가 작아. 다른 바다거북과 달리 해변으로 올라와서 햇볕을 쬐기도 해.

켐프각시바다거북은 얕은 바다를 좋아해! 바다거북 가운데 가장 심각한 멸종 위기에 처해 있어.

바다거북 용어 풀이

멸종 위기: 동물의 수가 점점 줄어서 지구에서 완전히 사라질지도 모르는 위험.

장수거북의 등딱지는 겉이 부드러운 가죽 같은 피부로 덮여 있어. 피부 밑에는 작은 뼈들이 있단다.

모래 속에 숨긴 생명

올리브각시바다거북 암컷이 알을 낳으려고 해변으로 올라오고 있어.

바다거북 암컷은 알을 낳으려고 바다를 헤엄쳐 해변으로 올라와. 그런데 정말 신기한 건 자기가 태어났던 해변을 정확히 찾아 돌아온다는 거야.

넓디넓은 바다에서 어떻게 길을 찾느냐고? 바다거북은 지구에서 나오는 **자기장**을 느껴서 방향을 알 수 있어. 그렇게 길을 찾는 거지.

Q 해변에서 하는 욕은? **A** 늦해욕

바다거북 암컷은 해변에 도착하면 힘센 뒷지느러미로 모래를 파서 구멍을 만들어. 그 구멍에 알을 조심조심 낳고는 모래로 다시 덮어서 알을 숨기지. 알을 다 묻은 바다거북은 뒤도 돌아보지 않고 다시 바다로 돌아가.

바다거북 용어 풀이

자기장: 자석처럼 물체를 끌어당기거나 밀어내는 힘이 미치는 공간.

파바바바박! 푸른바다거북 암컷이 뒷지느러미로 힘차게 구멍을 파고 있어!

귀여운 새끼 바다거북!

쩌어어억! 어미가 낳은 알은 50~70일쯤 지나면 **부화해**. 조그만 바다거북 새끼가 알껍데기를 깨고 꼬물꼬물 세상 밖으로 기어 나오는 거야.

부화: 동물의 새끼가 알을 깨고 나오는 것.

갓 태어난 바다거북 새끼는 몸길이가 8센티미터도 안 돼.

8센티미터

끙차, 붉은바다거북 새끼가 알을 깨고 나오는 중이야!

바다거북 새끼는 밤이 되면 바다로 엉금엉금 기어가. 어둠 속에서 움직여야 무서운 **포식자**에게 들키지 않고 바다까지 갈 수 있거든.

이때 바다거북 새끼는 가장 밝은 빛을 따라 움직여. 어두운 밤 해변에서는 하늘과 바다가 맞닿은 **수평선**이 가장 환하게 빛나지. 그 빛을 향해 조심조심 기어가다 보면 바다거북 새끼는 마침내 바다에 도착해.

바다거북 용어 풀이

포식자: 다른 동물을 사냥해서 잡아먹는 동물.

수평선: 하늘과 바다가 멀리서 닿아 있는 것처럼 보이는 선.

Q 가장 싸움을 잘하는 거북은? **A** 용감거북

장수거북 새끼가 바다를 향해 씩씩하게 기어가고 있어.

작은 거북, 큰 거북

켐프각시바다거북과 올리브각시바다거북은 바다거북 가운데 몸집이 가장 작아. 다 자라 봤자 몸길이가 약 60센티미터, 몸무게는 약 45킬로그램쯤 되지. 어른 몸통만 한 거야.

과학자가 켐프각시바다거북의 몸길이를 재고 있어.

해변에 올라온 장수거북이야. 옆에 앉아 있는 사람보다 몸집이 훨씬 커!

가장 큰 바다거북은 장수거북이야. 몸길이는 무려 2미터, 몸무게는 900킬로그램이 넘는다니까! 남자 어른 10명의 몸무게를 합친 것보다 훨씬 무거워.

신나는 식사 시간!

푸른바다거북이 해초를 뜯어 먹고 있어.

냠냠, 바다거북은 밥으로 무얼 먹을까?

많은 바다거북들이 식물과 동물을 먹고 살아. **조류**와 해초를 뜯어 먹고, 게와 소라도 와작와작 잘 먹지.

바다거북 용어 풀이

조류: 김, 미역처럼 물속에서 자라며, 뿌리, 줄기, 잎의 구분이 뚜렷하지 않은 식물.

해파리도 바다거북이 좋아하는 먹이야! 그런데 요즘 바다에 해파리처럼 생긴 비닐 쓰레기가 떠다녀서 큰 문제가 되고 있어. 바다거북이 비닐 쓰레기를 해파리로 착각해서 먹으면 몸이 아프거나, 심하면 죽을 수도 있거든.

푸른바다거북이 비닐 쓰레기가 해파리인 줄 알고 다가가고 있어. 조심해!

바다거북을 괴롭히는 것들

이런, 매부리바다거북이 그물에 걸려 버렸잖아!

바다거북을 위험하게 만드는 건 쓰레기만이 아니야. 물고기를 잡으려고 바다에 설치한 그물이나 바다를 달리는 큰 배와 부딪히는 사고도 바다거북의 목숨을 위태롭게 해.

Q 공중에 쳐 놓은 그물은? **A** 롤마c

어두운 밤, 해변 가까이에서 반짝이는 건물의 불빛 때문에 바다거북 새끼가 수평선의 빛을 찾지 못하고 길을 잃어 버릴 때도 있어.

건물의 빛 때문에 장수거북 새끼가 바다로 가는 길을 잃었어.

사람들이 실수로 모래 속 바다거북의 알들을 밟는 일도 생기지.

바다거북을 덮친 기름 사고

2010년, 미국 멕시코만에서 엄청난 양의 기름이 바다로 쏟아지는 사고가 있었어. 기름이 바다 동물들의 몸을 뒤덮었고 해변까지 번졌지. 이런 사고는 사람과 야생 동물 모두에게 큰 위험이 돼.

멕시코만 사고로 기름으로 뒤덮인 루이지애나 해변

기름 범벅이 된 켐프각시바다거북을 사람들이 구조하고 있어.

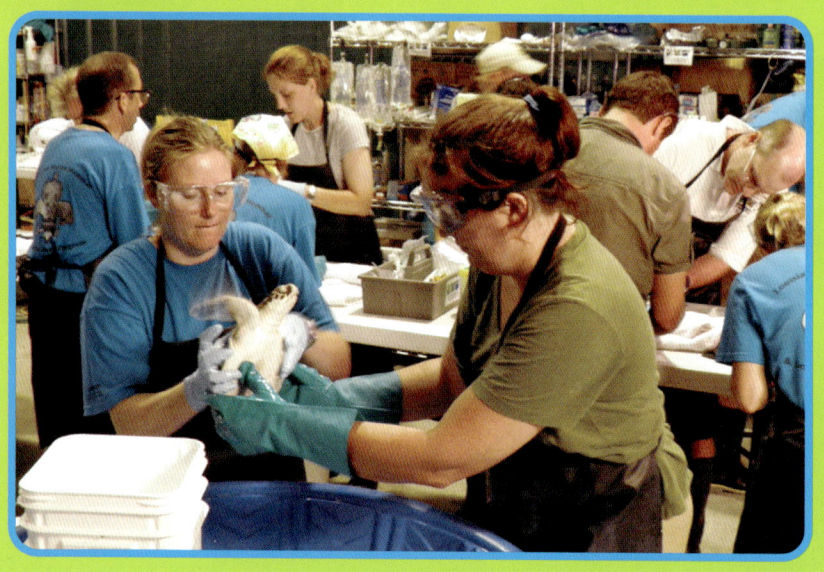

다행히 루이지애나에서 바다거북을 구해 준 사람들이 있었어. 그 덕분에 많은 바다거북이 무사히 살아날 수 있었지.

구조 대원들은 기름에 뒤덮인 몸을 깨끗이 닦아 주고, 약도 챙겨 주며 바다거북을 정성껏 돌보았어. 바다거북이 다시 바다로 돌아갈 수 있을 때까지 계속 보살폈단다.

기름을 닦고 깨끗해진 켐프각시바다거북

바다거북 지키기

바다거북 구조 대원이 되어야만 바다거북을 도울 수 있는 건 아니야. 바다거북을 지키기 위해 우리가 지금 할 수 있는 일들도 있단다.

1. 해변의 쓰레기 줍기

2. 하늘로 풍선 날리지 않기 (바다로 떨어질 수 있으니까!)

3

해변에서 보이는
조명 끄기

4

바다거북의 알이 있다는
표지판을 보면
다가가지 않기

5

친구들에게 바다거북에 대해
배운 사실들을
알려 주기

조류
김, 미역처럼 물속에서 자라며, 뿌리, 줄기, 잎의 구분이 뚜렷하지 않은 식물.

멸종 위기
동물의 수가 점점 줄어서 지구에서 완전히 사라질지도 모르는 위험.

부화
동물의 새끼가 알을 깨고 나오는 것.

수평선
하늘과 바다가 멀리서 닿아 있는 것처럼 보이는 선.

이 용어는 꼭 기억해!

포식자
다른 동물을 사냥해서 잡아먹는 동물.

파충류
등뼈가 있으며, 주변 온도에 따라 몸의 온도가 바뀌는 동물.